JEAN TORGNOLE

COMÉDIE-VAUDEVILLE

EN UN ACTE

PAR

MM. EUGÈNE GRANGÉ et LAMBERT THIBOUST

Représentée, pour la première fois, à Paris, sur le théâtre du PALAIS-ROYAL, le 7 février 1863.

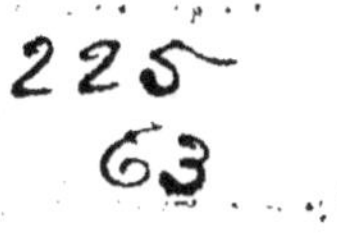

PARIS
MICHEL LÉVY FRÈRES, LIBRAIRES ÉDITEURS
RUE VIVIENNE, 2 BIS, ET BOULEVARD DES ITALIENS, 15
A LA LIBRAIRIE NOUVELLE

1863

Personnages

JEAN TORGNOLE, jeune matelot...	MM.	BERTHELIER.
CLOCHEDOUX, jeune fermier......		PRISTON.
JACQUELINE.....................	Mmes	BRIGITTE AUBRY.
MARGOTTE.......................		E. DESCHAMPS.
MICHU, garçon de ferme.........		FIZELIER.

A Villerville, près Honfleur.

S'adresser, pour la mise en scène détaillée, à M. Guénée, régisseur de la scène du théâtre du Palais-Royal, et pour la musique, à M. Victor Robillard, chef d'orchestre du théâtre.

JEAN TORGNOLE

Intérieur d'une ferme. — Grande porte au fond donnant sur un paysage. — Portes latérales. — A droite, à une hauteur d'entre-sol, le grenier à fourrage avec une corde à poulie. — Troisième plan, à gauche, un escalier conduisant à un plain-pied formant balcon et ouvrant sur la chambre de Jacqueline ; au fond, à gauche, une grande huche. — Dans le pan coupé à droite, une table. — Au deuxième plan, un buffet, chaises, etc.

SCÈNE PREMIÈRE

PAYSANS, PAYSANNES, tous endimanchés, MICHU, puis CLOCHEDOUX, puis MARGOTTE et JACQUELINE.

LES PAYSANS.

AIR : *Ah ! ce cadet-là.*

Quand c'est par les nœuds les plus doux]
Que l'hymen les engage,
De Jacqueline et de Clochedoux
Chantons le mariage,
Riage. (*Ter.*)

Vive le marié !....

CLOCHEDOUX, au milieu, en marié.

Oui, mes amis, célébrez ma félicité par des chants d'allégresse. Dire que c'est aujourd'hui, tout à l'heure, dans dix-sept minutes et demie, que Jacqueline sera ma bourgeoise, ma fermière, ma fafemme, la mère future des enfants que j'aurai !

TOUS, riant.

Ah ! ah ! ah !

CLOCHEDOUX.

Je suis ému... ça me fait dire des âneries. Eh bien ! Ousqu'elle est donc ma femme ?

MICHU*.

Oh ! ta femme !... pas encore !

CLOCHEDOUX.

Il ne manque que la cérémonie.. le mari, présent.

* Michu, Clochedoux.

MARGOTTE, paraissant *.

La demoiselle d'honneur, présente!

TOUS, riant.

Ah! la Margotte!

MARGOTTE, avec des airs gauches.

Je suis t'y ben attifée?

MICHU.

Oh! oh! qué luxe! (Il remonte.)

MARGOTTE **.

Eh ben, ous qu'est donc la mariée?

JACQUELINE, paraissant sur le petit balcon.

La mariée, voilà!

TOUS.

Vive la mariée!...

JACQUELINE.

Bonjour, mon petit Clochedoux.

CLOCHEDOUX.

Est-elle gentille!... oh! not' femme... descendez!...

JACQUELINE.

Vous êtes donc bien pressé?

CLOCHEDOUX.

Oh! je suis pressé comme tout.

JACQUELINE.

C'est bon... on y va... (Elle disparaît.)

CLOCHEDOUX.

Oh! elle demande si je suis pressé... comprends-tu ça, toi, la Margotte?

MARGOTTE, riant bêtement.

Bédame! non!...

CLOCHEDOUX.

Tu ne comprends pas?... ça n'est pas étonnant; tu es bête, toi, la Margotte... Bonne fille, mais d'un bête... Pour une fille qu'est dinde, v'là une fille qu'est dinde! pas vrai les autres? (On rit.)

MARGOTTE, lui donnant une poussée.

Dites donc, vous!

JACQUELINE, entrant en scène, toilette de mariée à peu près semblable à celle de Margotte; bouquet de fleurs d'oranger à la ceinture ***.

Eh ben... et le violoneux?

* Michu, Clochedoux, Margotte.
** Clochedoux, Margotte.
*** Jacqueline, Clochedoux, Margotte.

CLOCHEDOUX.

Il viendra après la cérémonie.

JACQUELINE.

Après la cérémonie!... mais je veux aller à l'église au son du violon... D'abord, ça porte malheur de se marier sans musique.

CLOCHEDOUX.

Oh!...

JACQUELINE.

Voyez Suzanne... la fille à Briquetout le charron... elle s'est mariée sans musique... elle en est devenue borgne d'un œil.

TOUS.

Ah! c'est vrai!...

CLOCHEDOUX.

Pourtant...

JACQUELINE, frappant du pied.

Allez chercher le père François... ou je ne me marie pas!....

CLOCHEDOUX, effrayé.

On y va, on y va! (A part.) Dieu! que ces villageois sont arriérés!...

JACQUELINE.

Eh ben, vous n'êtes pas parti?

CLOCHEDOUX.

Si fait!... mes amis, au violoneux!

TOUS.

Au violoneux!...

CLOCHEDOUX.

Et reprenez vos chants d'allégresse.

REPRISE DE L'ENSEMBLE.

Quand c'est par les nœuds les plus doux.

SCÈNE II

JACQUELINE, MARGOTTE.

MARGOTTE, qui a accompagné les paysans, redescend en scène.

Dis donc, Jacqueline?

JACQUELINE, se regardant dans un petit miroir au-dessus du buffet à droite.

Quoi?

MARGOTTE.

C'est donc vrai, tout ça?

JACQUELINE.

Quoi?

MARGOTTE.

Tu te maries?

JACQUELINE.

Dame! oui.

MARGOTTE.

Avec Clochedoux?

JACQUELINE, riant.

Avec Clochedoux.

MARGOTTE, se rapprochant et baissant la voix avec une certaine crainte.

Eh ben? et l'autre?

JACQUELINE.

L'autre qui?

MARGOTTE.

Ton promis... Jean Torgnole, quoi!...

JACQUELINE.

Dame! j'sais pas oùs-qu'il est?

MARGOTTE.

Les marins, on ne l'sait jamais... c'est égal, tu lui avais juré de l'attendre.

JACQUELINE.

Je l'ai attendu deux ans... je crois que c'est ben gentil comme ça... c'est vrai, les hommes sont farces... « Tu vas me faire un serment, qu'ils vous disent comme ça... Tu vas me jurer ci et ça... et patati et patata... » On leur jure tout ce qu'ils vous demandent et ils ne reviennent pas... Ils ne sont pas raisonnables... quand on veut qu'une jeunesse tienne son serment, on ne fait pas le tour du monde... on fait le tour de rien du tout... on donne de ses nouvelles... on écrit... Pourquoi qu'il n'a pas écrit?

MARGOTTE.

Écoute donc... En pleine mer, c'est peut-être difficile de mettre une lettre à la poste... Et puis c' pauvre Jean Torgnole... il est peut-être chez les sauvages, à c' t'heure! (Frissonnant.) Oh! ça fait frémir de penser à cela!...

AIR : *On dit que je suis sans malice.*

On dit partout que ces sauvages
Sont de vilains anthropophages,
Et que dans leurs pays lointains,
Ils mangent les pauvres marins.

JACQUELINE.

Mon mariage alors doit se comprendre ;
Vraiment, je n' pouvais pas attendre
Que les sauvages aient fini
Fini de manger mon mari,
De manger mon futur mari!

MARGOTTE, naïvement.

C'est vrai, tout de même.

JACQUELINE.

Et puis, M. Clochedoux a trois fermes.

MARGOTTE.

Oui; mais M. Jean a celle-ci, que lui a laissée sa tante Berlurot.

JACQUELINE.

J'sais bien... ça fait une... l'autre en a *troisses*... ça y fait deux fermes de plus que Jean.

MARGOTTE.

C'est vrai ! oh ! c'est égal, s'il revenait... hein?... Lui qui est si méchant, si coléreux, lui qui battait tout le monde dans le pays... c'est pour le coup qu'il en ferait des histoires!... Lui qu'on a surnommé Jean Torgnole... à cause qu'il en distribuait à ses petits camarades.

JACQUELINE.

Et à toi aussi, la Margotte.

MARGOTTE.

Oh ! moi, j'étais sa bête noire!... aussi, je le regrette pas.

JACQUELINE.

Ma foi, moi non plus... Tiens ! il est méchant, et il n'a qu'une ferme !

MARGOTTE.

Alors, t'aimes donc m'sieu Clochedoux ?...

JACQUELINE.

Ma fine... oui... il est gentil, pas vrai?

MARGOTTE.

Oh! moi j'sais pas... je trouve que tous les hommes se ressemblent... Après ça dans le pays le sang est beau!...

JACQUELINE.

Alors, tu ne veux pas te marier?

MARGOTTE.

Moi! et bon Dieu! quéque je ferais donc d'un homme?... faut-y pas que je garde c'te ferme jusqu'au retour de Jean Torgnole?... nous la gardions ensemble... mais maintenant... tu vas aller dans une des trois à Clochedoux!... si ben donc que je la garderai toute seule... Faut aussi que je garde les vaches, les dindons, les canards... les six moutons... enfin toute la volaille... Ah! je suis une jeunesse qu'est occupée... je n'ai pas le temps de prendre un homme, moi? (On entend les cloches.) Tiens! v'là déjà le carillon!...

SCÈNE III

Les Mêmes, CLOCHEDOUX, MICHU, les Paysans.

MICHU, accourant du fond.

Mamzelle Jacqueline, v'là toute la noce avec le père François le violoneux, en tête. (Il descend à gauche.)

JACQUELINE.

Quel bonheur!

CHŒUR.

Air *de Gentil Bernard.*

La cloche fidèle
A l'église enfin nous appelle;
La cloche fidèle
Vient avertir
Qu'il faut partir.

CLOCHEDOUX *.

Tout est prêt... nous nous marierons en musique.

JACQUELINE.

Alors partons... Michu, garde la maison.

CLOCHEDOUX.

En route!

TOUS.

En route!

REPRISE ENSEMBLE.

La cloche fidèle,
A l'Église enfin nous appelle;
La cloche fidèle
Vient avertir
Qu'il faut partir!

(Sortie générale; le son des cloches continue encore quelques minutes et cesse avec la musique.)

SCÈNE IV

MICHU seul, puis JEAN TORGNOLE.

MICHU.

Garder la maison, comme c'est réjouissant... ah! bah! on se rattrapera sur le festin... et sur la danse! Les v'là qui

* Michu, Jacqueline, Clochedoux, Margotte.

rentrent à l'église... Allons, y a pas à se dédire. (On entend Jean chantant dans la coulisse.)

Bitte et bosse
Ah ! quelle noce ! etc.

MICHU, regardant à droite, au fond.

Oh ! mais... c'est pas possible ! les oreilles me cornent !... (Jean Torgnole entre vivement. Il est en costume de matelot, le sac sur le dos, son bâton de voyage à la main.)

JEAN.

Enfin !... m'y v'là donc !

AIR *Des doublons.*

Camarad's, mettez à la voile,
Partez sans moi, je n'en suis plus !
J'ai suffisamment fait d'la toile
Me v'là rentier ; j'ai du quibus.
Le v'là sonnant dans mes poquettes.
Gaîment, j' vas dépenser ma part
Je veux être toujours en fêtes,
A moi festins de Balthazar !
Bitte et bosse,
Ah ! quelle noce !
Enfin me v'là près des amis !
Bitte et bosse,
Ah ! quelle noce,
O mes amis, v'là l'enfant du pays !

Enfin m'y v'là donc ! (Dans le délire de la joie.) V'là la ferme... v'là le vieux bahut à la farine, v'là l'coucou ! Ah ! v'là le portrait de ma vieille tante Berlurot. (Riant et pleurant à la fois.) Ah ! sapristi !... cré coquin !... non d'un bonhomme, saperlipopette ! v'là que je ris et v'là que j'ai envie de pleurer... ah ! mais non... c'est de la joie qu'il faut... c'est du bonheur ! enfin... m'y v'là donc !...

MICHU, à part, stupéfait.

Jean Torgnole !

JEAN, l'apercevant.

Eustache Michu ! ah ! bonjour, ma vieille ! (Il lui saute au cou.)

MICHU.

Tu m'étouffes !

JEAN.

Mon pauvre Michu, va ! Eh bien, oui, c'est moi, quoi, en chair et en os, Jean-Marie, dit Torgnole, Jean le garnement, Jean le mauvais gàs, le sacripant et toute la boutique. (Il renverse une chaise d'un coup de bâton et fait une pirouette de satisfaction; Michu recule effrayé.) Oh ! as pas peur, Michu... je reviens

* Michu, Jean.

doux comme une demoiselle. Je ne tape plus sur les amis que trois fois par jour, histoire de me dégourdir les pattes... ohé Michu, ohé hisse! (Il donne à Michu une bourrade qui envoie omber ce dernier à quelques pas.)

MICHU, se relevant.

T'as donc pas été mangé?

JEAN.

Moi?... si... un peu... mais il en reste! (Riant, se tenant les côtes.) Je suis trop coriace, les sauvages y ont renoncé... « Passez-nous le mousse, qu'ils ont dit comme ça... il n'en faut plus de ce grand-là... il ne veut pas cuire! » Hi, hi, hi.

MICHU, riant aussi et se frottant l'épaule.

Satané Torgnole, va!

JEAN.

Ah! ça dis donc, marsouin qu't'es, j'ai entendu les cloches; qui qui se marie donc dans le pays?

MICHU.

Qui qui se marie?

JEAN.

Oui... qui qui se marie?

MICHU.

Qui qui se marie?... Eh bien, mais...

JEAN, faisant le moulinet avec son bâton.

Eh ben, va donc!

MICHU.

C'est Clochedoux.

JEAN.

Clochedoux! c't imbécile-là. (Riant comme plus haut.) Ah! ah! ah! il a trouvé une femme, oh! la la! oh! la la! oh! la la!

MICHU, à part.

Ris, va, ris.

JEAN.

Et ma tante Berlurot? comment qu'elle va?

MICHU.

Ta tante Berlurot?

JEAN.

Oui... Ah! ça, répondras-tu, mille perroquets? tu as l'air d'un idiot à me dévisager comme ça.

MICHU, d'un air gracieux.

Ta tante Berlurot! mon Dieu elle va... (Changeant de ton.) Elle est décédée.

JEAN.

Ma tante Berlurot?

MICHU.

Oui.

JEAN.

Ah! bah! après ça elle était bien vieille... et puis elle me calottait toujours quand j'étais *môme*... Ah ! elle est décédée?

MICHU, à part.

A-t-il une façon de regretter sa tante, ce gredin-là !

JEAN, d'une voix douce.

Dis donc Michu?

MICHU.

Torgnole?

JEAN.

Y a un nom... que j'ose pas dire... parce que ça me grouille le cœur... parce que j'ose pas... quoi...

MICHU, à part.

Nous y v'là... (Haut.) Quoi donc?...

JEAN.

Et Jacqueline?

MICHU, embarrassé.

Jacqueline ! elle va bien.

JEAN, gaiement.

Ah! qué chance! quel bonheur! ma petite Jacqueline, ma promise, ma femme... Faut que je la voie tout de suite! où qu'elle est?... ah! à l'église sans doute... Adieu, Michu... (Faussse sortie, il remonte.)

MICHU, courant après lui *.

Jean ! (A part.) Ah ! mon Dieu.... il va savoir.

JEAN.

Quoi?

MICHU.

M'est avis que tu ferais bien mieux d'aller tout d'abord chez le notaire !

JEAN.

Chez le notaire? Pourquoi faire?

MICHU.

Mais pour prendre les papiers de l'héritage.

JEAN.

Quel héritage?

MICHU.

Comme neveu, tu hérites de ta tante!

JEAN.

Ah! bah! c'est à moi, la ferme, le jardin, la basse-cour, la pièce de terre et tout le bataclan!

* Jean, Michu.

MICHU.

Bédame !... puisque ta tante est décédée.

JEAN, d'un air attendri.

C'te pauvre tante Berlurot .. (Riant.) Tra, la, la, la, la ! Tra, la, la, la, la ! (Il se met à danser).

MICHU, à part.

A-t-il une drôle de manière de regretter sa tante !

JEAN.

Michu, je vas chez le notaire ! ah ! mille corvettes ! En avant l'agrément, le branle-bas général et tout le tremblement... Ohé ! hisse ! gare là-dessous... je suis millionnaire !...

AIR : *la Fête du pays.*

Ah ! j' suis t'y content ! j'en perdrai la tête,
J'vas t'y m'en donner ! j' vas t'y gob'lotter !
Quelle rigolade ! Ah ! qué noc' complète !...
Les beaux p'tits écus vont-ils bien sauter !
Tra deri da, da, da, da ! j'en perdrai la tête !
Tra deri, di, di, di, di ! j' vas t'y gob'lotter,
Traderi déra ! pour moi quelle fête !
J'hérite... et je suis
Le roi du pays.
Cet héritage-là sera pour Jacqu'line;
J' veux qu'elle ait un châl', des bagues, des rubans,
Des pendants d'oreille et d'la crinoline.
A tous ses petits doigts j' veux des gros diamants.
Je veux dépenser, pour qu'elle *soye* contente,
Jusques au dernier, les jaunets d'ma tante,
Je veux des perles fines,
Et je veux aussi
Comme un bon mari
Qu' ma femme ait trois pair's de bottines.

MICHU.

Trois paires ?...

JEAN.

Oui, trois paires de bottines... une avec des clous... une sans clous et une sans semelles... c'est plus léger pour danser le dimanche !

REPRISE DE L'AIR.

Oh ! oh ! oh ! oh ! oh !
Ah ! j' suis t'y content ! j'en perdrai la tête.

(Il sort en courant comme un fou.)

SCÈNE V

MICHU seul, puis CLOCHEDOUX, JACQUELINE, MARGOTTE, LES PAYSANS.

MICHU, seul.

Il est toqué... ah ! ben ! ah ! ben ! ah ! ben ! en v'là des affaires! (Il remonte au fond.) S'il était encore temps de prévenir Jacqueline... d'arrêter le mariage !... il n'est plus temps!... ils le sont... les malheureux!... ils le sont. (Les paysans en dehors.) Vivent les mariés!... (Clochedoux avec Jacqueline au bras, Margotte et les autres paysans, rentrent gaiement.)

ENSEMBLE.

AIR : *Les Vignerons de la Bourgogne.*

Pour que la fête
Soit complète, plète, plète, plète, plète,
Pour que la fête soit complète,
Chantons leur hymen
Le verre en main.

LES PAYSANS.

Vivent les mariés!

CLOCHEDOUX, à Jacqueline *.

Enfin! vous v'là donc ma petite femme.

JACQUELINE.

C'est vrai... n'y a plus à se décrire.

MICHU, tout bouleversé, descendant en scène **.

Clochedoux! mamzelle Jacqueline!

MARGOTTE.

Ah! mon Dieu! quéque t'as donc?

JACQUELINE, riant.

Qué drôle de figure!

CLOCHEDOUX.

Qu'est-ce qu'est donc arrivé?

MICHU.

C' qu'est arrivé? Eh ben... c'est Jean Torgnole!

JACQUELINE.

Ah! mon Dieu!

MARGOTTE.

Le garnement du pays!

JACQUELINE.

Mon promis... ah! je vas me trouver mal!

CLOCHEDOUX.

Mais ça n'est pas possible! ça n'est pas possible!

MICHU.

Je l'ai vu, que je vous dis... il est chez le notaire pour l'héritage. (Il remonte au fond.)

JACQUELINE.

Mes enfants, sauvons-nous! il va nous tuer tous!

* Jacqueline, Clochedoux, Margotte, Michu, au fond.
** Jacqueline, Clochedoux, Michu, Margotte.

CLOCHEDOUX.

Comment! il va nous tuer tous?

MARGOTTE, passant *.

Et c'est par vous qu'il commencera, ben sûr.

CLOCHEDOUX.

Par moi?... allez chercher les gendarmes, les sapeurs-pompiers!

MARGOTTE.

Ah! il se moque bien de tout ça! (Elle remonte.)

CLOCHEDOUX, à Jacqueline **.

Mais sapristi! vous m'aviez dit qu'il était neyé... Vous me mettez dans une fausse position.

JACQUELINE.

Oh! vous avez peur.

TOUS.

Il a peur!

CLOCHEDOUX, d'un air fanfaron.

Peur? moi?... qu'il y vienne.

MICHU, sur le seuil.

Le v'là qui accourt par ici.

CLOCHEDOUX, très-pâle.

Ah! mais!... ah! mais!... (A Jacqueline.) Pourquoi m'avez-vous dit qu'il était neyé? Quand un matelot n'est pas neyé, on ne dit pas qu'il est neyé!

JACQUELINE.

Que faire?

CLOCHEDOUX, à Jacqueline.

Cherchez quelque chose... voyons, cherchez quelque chose.

JACQUELINE.

Ah! je voudrais bien vous y voir, vous!

CLOCHEDOUX.

Mais j'y suis, madame, j'y suis en plein.

MICHU, sur le seuil.

Le v'là qu'approche.

JACQUELINE, comme frappée d'une idée.

Ah! (Elle court à Margotte.)

CLOCHEDOUX, avec joie ***.

Elle a trouvé quelque chose!

* Margotte, Jacqueline, Clochedoux.
** Jacqueline, Clochedoux, Margotte.
*** Clochedoux, Jacqueline, Margotte.

JACQUELINE.

Oui, nous sommes sauvés... (Elle ôte vivement le bouquet de fleur d'oranger qui est à son corsage et le met au corsage de Margotte.)

MARGOTTE.

Eh ben, quéque tu fais donc?

JACQUELINE.

La mariée, c'est toi.

CLOCHEDOUX, et le chœur.

Hein?

MARGOTTE.

Moi?

JACQUELINE.

Et c'est moi qui suis ta demoiselle d'honneur.

LES PAYSANS.

Ah! compris.

CLOCHEDOUX, qui ne comprend pas.

Comment! comment! (Comprenant enfin.) Ah! je comprends. Elle sauve la situation. Eh ben, et moi, qu'est-ce que je suis dans tout ça?

JACQUELINE.

Vous? (Elle le fait passer près de Margotte *.) Vous êtes le mari de Margotte!

CLOCHEDOUX.

Son mari, moi!...

MARGOTTE, se récriant.

Mais!...

JACQUELINE.

Pour la frime, bien entendu.

CLOCHEDOUX.

Bien!... bien!... compris!... c'est une bonne idée.

JACQUELINE.

Surtout de la prudence, ou nous sommes perdus.

CLOCHEDOUX.

De la prudence, ou je suis perdu!

JEAN, au dehors.

Jacqueline... Jacqueline!

TOUS.

C'est lui. (Tout le monde s'écarte et livre passage à Jean qui court à Jacqueline.)

* Jacqueline, Clochedoux, Margotte.

SCÈNE VI

LES MÊMES, JEAN *.

JEAN, entrant vivement.

Jacqueline... Ah! la v'là! ma petite Jacqueline, ma promise! ma femme! (Il la prend dans ses bras et l'embrasse à l'étouffer.)

CLOCHEDOUX, à part, vexé.

Eh ben, eh ben, qu'est-ce qu'il fait donc?

JEAN.

C'est toi... je te vois, te v'là, v'là ton petit nez, v'là tes petits yeux, v'là ta petite bouche. (Il l'embrasse de nouveau.)

CLOCHEDOUX.

Il récidive!

JEAN, s'adressant aux paysans.

Bonjour, les amis... Hé! c'est cet imbécile de Clochedoux!

CLOCHEDOUX, aux paysans.

Il m'a reconnu!... a-t-il assez mauvais genre!

JEAN.

Et c'te bêtasse de Margotte... Ah bah! c'est toi qu'est pavoisée à la fleur d'oranger?... T'as donc trouvé un mari, toi!

MARGOTTE.

Bédame, oui!... v'là mon homme. (Elle montre Clochedoux.)

JEAN.

Ah ben! je t'en fais pas mon compliment.

JACQUELINE, à part.

Hein?

CLOCHEDOUX, vexé.

Plait-il?

JEAN, aux paysans.

A-t-il une bonne tête, hein?

LES PAYSANS, riant.

Ah! ah! ah!

JACQUELINE, vexée, à part.

Mon mari a une bonne tête!

JEAN.

Enfin, quoi! on sera tout de même parrain du premier... (Tapant sur ses poches.) On a des noyaux pour payer les dragées. — Et c'est Jacqueline qui sera ma commère.

JACQUELINE.

Moi!

* Jacqueline, Jean, Clochedoux, Margotte.

JEAN.

Oui, toi!... oui, toi!... Ah! ma Jacqueline... Ah! il faut que je t'embrasse. (Il la prend dans ses bras.)

CLOCHEDOUX, à part.

Encore! (Il remonte.)

JEAN.

Retirez-la, ou je la mange!

CLOCHEDOUX, les séparant *.

Les dindons réfroidissent.

JEAN.

Un Balthazar! Cristi!... Mes enfants, je m'invite.

CLOCHEDOUX, offrant son bras à Jacqueline.

Jacqueline!

JEAN, les séparant.

De quoi! de quoi! Donne donc le bras à ta femme **... chacun sa chacune, mon bonhomme. Ah! ah! ah! (Il lui allonge un coup de poing qui le fait chanceler.)

CLOCHEDOUX, à part.

Ah! mais... ah! mais... ah! mais... c'est une fichue idée que ma femme a eue là.

MARGOTTE, prenant le bras de Clochedoux.

Viens donc, mon homme.

CLOCHEDOUX, d'un air aimable.

Me v'là... me v'là!...

JEAN.

A table!

TOUS.

A table!

ENSEMBLE.

AIR : *A la Danse.* — *Robillard.*

Vite à table,
Convive aimable,
Qu'un petit vin
Vienne égayer notre festin.

JACQUELINE, à part.

Quand une promise
Se ravise,
C'est la faute au promis.

JEAN.

Que le liquide
Ici se vide,
En l'honneur des amis
A table!

* Jacqueline, Clochedoux, Jean, Margotte.
** Jacqueline, Jean, Clochedoux, Margotte.

TOUS.

A table !

REPRISE DE L'ENSEMBLE.

(Pendant le chant, on a apporté une table servie et cinq couverts; Clochedoux veut aller s'asseoir près de Jacqueline, mais Jean le repousse et le force à se mettre près de Margotte. Des assiettes et des gobelets ont été mis sur tous les meubles ; les paysans se tiennent debout ; d'autres sont sur l'escalier et sur le petit balcon ; tous prennent part au festin.

CLOCHEDOUX, à part.

A-t-il mauvais genre !

JEAN, à un garçon qui lui présente une dinde.

Passez les dindons à Clochedoux ! il va découper ; les dindons, ça le regarde.

TOUS.

Oui, oui...

CLOCHEDOUX.

Faut que je découpe ?

JEAN, un pot de vin à la main.

Ohé ! les camaraux, carguez à bloc et tendez vos gobelets. (Il verse à boire.) On va se rafraîchir les écoutilles en l'honneur des futurs.

TOUS, élevant les verres.

A Clochedoux ! à Margotte !

JEAN.

Et à ma Jacqueline, mille sabords ! (Il l'embrasse.)

CLOCHEDOUX.

Eh ! là-bas... on n'embrasse pas les demoiselles d'honneur.

JEAN.

Qu'est-ce que ça te fait à toi, Fignolet ? Avec ça que je vas te demander la permission ! c'est la joie ! quoi !... Ah ! mes enfants, ça fait tant de bien de revoir les amis, les anciens, et sa promise avec qui que l'on doit mettre le cap sur le bonheur légitime... Jacqueline, quand que je t'épouse ?

JACQUELINE, avec embarras.

Mais...

JEAN.

Veux-tu demain matin ?

JACQUELINE.

Eh ben, et les bans ?

CLOCHEDOUX.

Les bans ?...

JEAN.

Les bans ! on s'en passe ! on fait comme chez les sauvages et les sauvagesses. « Je te vas-t'y? — Oui, tu me vas. » Pan!... on casse une assiette et ça y est. (Il brise une pile d'assiettes.) Enlevé !

LES PAYSANS, riant.

Ah! ah! ah!

JEAN.

En v'là un peuple qui se fiche des adjoints! Oh! la la ! Oh! la la ! (Il boit à même le pot.)

CLOCHEDOUX, à part.

Quel mauvais genre... mon Dieu !

JEAN.

Ah çà! dis donc, Jacqueline, tu m'as pas encore embrassé, toi ?

JACQUELINE, troublée.

Moi?

CLOCHEDOUX, la serviette au cou et mangeant avec fureur une patte de dinde.

Et depuis quand que les jeunesses embrassent les hommes?

JEAN.

Eh ben, avec ça qu'elle ne m'a déjà pas embrassé? Dis donc, Jacqueline, te rappelles-tu, à la fête du village... un soir... Hi! hi! hi! hi!

JACQUELINE, un peu troublée.

Mais non... je ne me rappelle pas.

JEAN.

Tu te rappelles pas? allons, allons! t'as pas la mémoire longue, toi! hi! hi! hi!. (Il reboit à même le pot.)

CLOCHEDOUX, inquiet.

A la fête du village... mais quoi donc? quoi donc? quoi donc?

JEAN.

Ah! au point où nous en sommes, ça peut ben se dire.

CLOCHEDOUX, à part.

Oh! mon Dieu! que vais-je apprendre?

JEAN.

Je revenais d'Honfleur en grillant Célestine.

TOUS.

Célestine?

JEAN.

Célestine! ma pipe, quoi! elle est cassée à c't'heure. (Il tire une pipe de sa poche.) Celle-ci vient du Brésil; c'est Dolorès qu'elle s'appelle. (Il la met à sa bouche.)

TOUS, riant.

L'histoire... l'histoire...

CLOCHEDOUX.

L'histoire, oui, l'histoire!...

JEAN.

La v'là l'histoire! on va te la conter; est-il rageur! Je revenais donc en grillant Célestine; v'là que je vois Jacqueline Bridoux, que v'là... Je lui dis... « Tiens! c'est toi... » que je lui dis... qué que tu fais là! — Je fais de l'herbe; qu'elle me dit. — Accoste un peu, que je lui fais..» Alors elle accoste... D'abord, elle voulait pas accoster... mais elle accoste tout de même, hi! hi! hi! hi!

CLOCHEDOUX, à part.

Ah! mon Dieu! ma femme a accosté!...

MARGOTTE, le poussant.

Mais taisez-vous donc!

LES PAYSANS.

Tais-toi donc!

JEAN.

Tais-toi donc!... est-il insupportable c't'animal-là! Alors... figurez-vous que (Riant.) hi! hi! hi!... Ah! elle est ben drôle!... figurez-vous que... hi! hi! hi!... Je lui prends la taille... et puis... que... hi! hi! hi!... et puis... hi! hi! hi! Ah! nous avons ben ri, ce jour-là!... Elle est bonne, hein?

TOUS.

Ah! ah! ah!

CLOCHEDOUX, à part.

Sapristi! mais avec tout ça, je n'sais rien.

JEAN.

A la santé de Clochedoux!

TOUS.

A la santé de Clochedoux!

JEAN.

Au nouveau marié... et mène-moi carrément c'te corvette là... Veille au grain, mon bonhomme... et fais-moi ton quart toi-même... Ne fais pas comme le mari de la chanson. (Il boit toujours.)

TOUS.

Quelle chanson!

JEAN.

Oh! une romance qu'on roucoulait à bord en faisant la manœuvre... Attention, Clochedoux! je vas te la roucouler pour le bonheur de ton ménage et ton éducation personnelle. (Se levant.) « Histoire d'un mari qui a une femme et un domestique,» Romance... Attention!... et, au refrain, les enfants, chorus général!... tout le monde sur le pont... là!...

TOUS.

Ecoutons, écoutons.

JEAN.

COUPLETS.

I

Si vous saviez ce que je mange
Quand je mange à la maison!
Je mange du gros pain d'avoine...
Pauvre Jean, c'est pas trop bon !
Nous ons ben du bon pain blanc
Qu'est ben mollet,
Mais il est pour notre femme,
Et son valet
La, ra, ra, la, la, la, la, la ! (*Bis.*)

TOUS.

La, ra, ra, la, la, la, la, la ! (*Bis.*)

JEAN.

II

Si vos saviez ce que je bois,
Quand je bois à la maison !
Je bois un p'tit peu de piquette.
Pauvre Jean, c'est pas trop bon.
Nous ons ben du bon vin blanc,
Qu'est ben clairet,
Mais il est pour notre femme
Et son valet,
La, ra, ra, la, la, la, la, la ! (*Bis.*)

TOUS.

La, ra, ra, la, la, la, la, la! (*Bis.*)

JEAN.

III

Si vous saviez où c' que je couche,
Quand je couche à la maison!
Je couche sur un brin de paille,
Pauvre Jean, c'est pas trop bon.
Nous ons ben deux bons lits blancs,
De bon duvet,
Mais ils sont pour notre femme
Et son valet,
La, ra, ra, la, la, la, la, la! (*Bis.*)

TOUS.

La, ra, ra, la, la, la, la, la ! (*Bis.*)

JEAN, parlé.

Moralité!

TOUS.

Ah !

JEAN.

IV

La moralité de l'histoire,
C'est qu'il n' faut jamais s' marier,
Ou ben alors si l'on s' marie
Faut tout fair' dans sa maison.
Pour ne point être traité
Comme un bénêt,
Faut êtr' le mari d' sa femme
Et son valet.
La, ra, ra, la, la, la, la, la! (*Bis.*)

TOUS.

La, ra, ra, la, la, la, la, la! (*Bis.*)

(Il embrasse Jacqueline.)

TOUS.

Bravo, Jean Torgnole!...

CLOCHEDOUX, à part.

J'en ai assez.

JEAN.

De quoi, de quoi?...

CLOCHEDOUX, montrant les dindes.

Non!... je dis que j'en ai assez de... ça... (Au paysans.) Dites donc, les autres, si on allait danser? (Il remonte.)

TOUS, se levant.

Oui... oui... c'est ça!... (Tout le monde se lève; on emporte la table, et l'on ôte tout ce qui garnissait les meubles.)

JEAN, se levant*.

Ça me va! A nous deux, Jacqueline, comme autrefois... comme au bon temps! (Il lui prend la taille.)

CLOCHEDOUX, voulant les séparer**.

Mais non... mais non... on danse à la saulée.

JEAN, le faisant pirouetter.

Pare à virer, toi!... En avant le crincrin, père François. (Il remonte.)

CLOCHEDOUX, bas à Jacqueline***.

Madame, je vous défends...

JACQUELINE, bas.

Faut-y tout lui dire?

CLOCHEDOUX, bas et vivement.

Non! non!

* Jean, Jacqueline, Margotte.
** Jean, Clochedoux, Jacqueline, Margotte.
*** Clochedoux, Jacqueline.

JEAN, revenant et le bousculant.

Ah ça! mille tonnerres! Veux-tu filer ton nœud! toi!

CLOCHEDOUX, d'un air aimable.

Je file mon nœud... matelot... je file mon nœud.

JEAN, montrant Margotte*.

Va donc rejoindre ta femme.

CLOCHEDOUX, de même.

Je vas rejoindre ma femme.

MARGOTTE, à Clochedoux.

Viens donc, notre homme.

CLOCHEDOUX.

Me voilà! me voilà!

JEAN, gaiement.

Allez la musique... larguez les bonnettes, la, mesenfants! (Le père François, monté sur un escabeau, joue du violon, et tout le monde se met en branle pour une danse rustique. — Jean, au milieu du théâtre, danse avec Jacqueline. — Clochedoux d'un air piteux, danse avec Margotte.)

CLOCHEDOUX, tout en dansant.

C'est étonnant comme j'ai envie de danser.

MARGOTTE, bas à Clochedoux.

Mais ne faites donc pas c'te mine-là!

JEAN.

Ohé hisse!

CLOCHEDOUX, dansant toujours.

Elle m'avait dit qu'il était neyé. Ohé hisse!

JEAN, de même.

Ah! cristi, oui, que ça me rappelle le bon temps... Plus fort donc, l'orchestre!... houp! (La danse s'arrête.)

CLOCHEDOUX, après la danse **.

Maintenant, allons à la saulée, hein!

TOUS.

Oui... oui...

JEAN.

C'est ça... allez à la saulée... moi je reste ici avec ma Jacqueline.

TOUS.

Hein!

JACQUELINE.

Avec moi!

* Margotte, Clochedoux, Jean, Jacqueline.
** Jacqueline, Jean, Clochedoux, Margotte.

CLOCHEDOUX, à part.

Fichtre!

JEAN.

Pourquoi pas? Est-ce que la ferme n'est pas à moi... V'là les papiers du notaire. Est-ce que Jacqueline n'est pas à moi aussi?..:

CLOCHEDOUX.

On ne reste pas seul avec les demoiselles d'honneur.

JEAN, riant.

Va donc, grand dadais!

CLOCHEDOUX.

Permettez... grand dadais!...

JEAN.

Voyons, veux-tu aller danser, oui ou non ?

CLOCHEDOUX.

Oh! j'y vas... je vas à la saulée.

JEAN, riant.

Mais donne donc le bras à ta femme. Qué drôle de mari tout de même!

CLOCHEDOUX.

A ma femme!... ah oui! oùs qu'elle est donc?

LES PAYSANS, lui montrant Margotte.

Mais la voilà!

CLOCHEDOUX, donnant le bras à Margotte d'un air peu gracieux.

Oh! mais! ça commence à m'agacer, moi...

JEAN, se tournant vers les paysans.

Eh ben, partirez-vous!

CLOCHEDOUX, à part.

Ah! qué fichue idée que ma femme a eue là!...

ENSEMBLE.

AIR : *Valse de Strauss.*

CLOCHEDOUX, JACQUELINE, MARGOTTE, MICHU, LES PAYSANS sortant doucement.

Vraiment l'histoire est singulière
Il ne sait rien, mais c'est en vain
Qu'on lui cache ce grand mystère.
Tout se découvrira demain!

JEAN, à part.

Ah! malgré moi mon cœur se serre;
Pourtant mon bonheur est certain,
De la promise qui m'est chère
Dans quelques jours j'aurai la main.

SCÈNE VII

JEAN, JACQUELINE.

JACQUELINE, sur le devant de la scène, à droite.

Seule avec lui !...

JEAN, près du bahut.

Ah ! v'là mon cœur qui recommence à sauter. (Frappant sur son cœur.) Tais-toi donc, bêta, tu sauteras le jour de la noce. (Regardant Jacqueline avec amour.) Oh! ma petite Jacqueline !... (Il s'approche d'elle.)

JACQUELINE, à part.

Que lui dire? que faire? je suis sauvée pour aujourd'hui, mais il faudra bien finir par...

JEAN, d'une voix forte.

Ohé! Jacqueline! ohé!

JACQUELINE, avec un petit cri et passant vivement *.

Ah ! vous m'avez fait peur !

JEAN.

Tiens! tu ne me tuteyes plus... c'est-y parce que je t'ai pas encore donné tes cadeaux?

JACQUELINE, vivement.

Vous avez rapporté des cadeaux ?

JEAN, remonte et prend son sac qu'il a laissé sur la chaise placée près du bahut, puis redescend avec son sac qu'il pose sur la chaise restée au premier plan à gauche.

Eh! oui...

JACQUELINE **.

Voyons...

JEAN, tout en ouvrant son sac.

Autrefois tu me tuteyais. Pourquoi donc que tu me *voûtes* à c't' heure.

JACQUELINE.

Oh! c'est qu'autrefois nous étions des mioches, tandis...

JEAN.

Tandis qu'au jour-d'aujourd'hui je suis un gros gâs et qu't'es une belle fille... car t'as joliment profité, Jacqueline... t'es la plus belle et la plus lourde du pays.

JACQUELINE, avec coquetterie.

Tu trouves?

* Jacqueline, Jean.
** Jean, Jacqueline.

JEAN, avec joie.

Ah! tu m'as retuteyé! (Tirant de son sac un casse-tête.) Tiens, v'là les cadeaux.

JACQUELINE.

Ça?

JEAN.

Oui ça... c'est un casse-tête; quelqu'un vous ennuie... vous cherche des raisons, pas vrai? pan! à fond de cale! ça ne rate jamais!

JACQUELINE, effrayée.

Oh!

JEAN.

Ça, c'est un carquois.

JACQUELINE.

Des flèches!

JEAN.

Oui... et empoisonnées encore...

JACQUELINE, effrayée.

Empoisonnées!

JEAN.

Quelqu'un vous ennuie... pan! à fond de cale... ça ne rate jamais!... Dame! c'est offert de bon cœur.

JACQUELINE, à part.

En voilà des cadeaux!... si c'est ça qu'il m'a rapporté!

JEAN, tirant un collier de sa poche.

Oh! mais le plus beau! le v'là.

JACQUELINE.

Ah!... il y a encore quelque chose? un collier!

JEAN.

C'est le costume complet des sauvagesses! ça... et des plumes sur la tête!

JACQUELINE, naïvement.

Oh! n'y a pas de robes?

JEAN, vivement.

Si... si... il y a des étoffes... seulement n'y a pas de couturières... Ce collier-là a appartenu à une reine sauvagesse, rien que ça...

JACQUELINE, avec joie.

Vrai? (Elle met le collier.)

JEAN.

Oui ..

AIR : *L'âme en peine.*

Et le jour où pour toi j'en fis emplette,
J'ai fait un rêve...

JACQUELINE.

Un rêve!

JEAN.

Oui, j' te voyais,
O ma Jacqueline, des plumes sur la tête,
Et ce collier, au cou tu le portais.
Ma vision à mon cœur était chère
En souriant, Jacqueline passait,
Ah! ah!
(A part.)
Mon rêve aussi manquait de couturière (*bis.*)
Ah! le jolie p'tit rêve que j'ai fait!

JACQUELINE, redescendant.

Comment!... C'est pour moi le collier de la reine?...

JEAN.

J'aurais voulu t'acheter la reine avec... mais n'y a pas eu moyen... son mari l'avait mangée la veille.

JACQUELINE, effrayée.

Ah!

JEAN.

C'est l'habitude du pays!... Es-tu gentille avec ça! (Il l'enlève pour l'embrasser, Clochedoux paraît au fond.)

SCÈNE VIII

LES MÊMES, CLOCHEDOUX *.

CLOCHEDOUX, très-inquiet.

Bonjour!

JEAN, remontant à Clochedoux.

Clochedoux!

JACQUELINE, à part, et ayant gagné la gauche.

Mon mari!

JEAN.

Qu'est-ce que tu viens faire ici, toi?...

CLOCHEDOUX.

Mon Dieu... je passais... (Tendant la main.) Ça va bien?

JEAN, riant.

Ah! qué drôle de mari!... mais va donc rejoindre ta femme!

* Jacqueline, Clochedoux, Jean.

CLOCHEDOUX.

Mon Dieu! j'y vas! mon Dieu! j'y vas... (A part.) Ça continue à m'agacer!

JEAN.

Ah çà! veux-tu filer, à la fin!

CLOCHEDOUX.

Je file... (A part.) Ah! mais...

JEAN.

Eh ben?

CLOCHEDOUX.

Voilà! voilà!... Ah! que j'ai mal à la tête! (Il sort par le fond.)

SCÈNE IX

JEAN, JACQUELINE.

JEAN, au fond, gagnant le buffet à droite sur lequel est un pot de vin.

Est-il embêtant donc, c't' oiseau-là!... Cré coquin! qu'il fait chaud! Et quand il fait chaud, il fait soif! (Il boit.)

JACQUELINE, à part.

Mon mari! et moi qui l'oubliais... que faire pour que Jean ne m'aime plus?... (Frappée d'une idée.) Ah!...

JEAN.

Petite coquette... Ça vous plait, hein, les affiquiaux?...

JACQUELINE, ôtant le collier.

Oui, mais il n'est pas assez beau pour moi. (La nuit vient peu à peu.)

JEAN.

Pas assez beau?

JACQUELINE.

Non... moi, je veux des colliers en vrai or, des chapeaux à plumes, des rubans, et des robes à queue.

JEAN.

Des robes à queue?

JACQUELINE.

Qui traînent par terre... comme celles des belles dames qui viennent chez nous prendre des bains de mer... Et puis, des petits chapeaux ronds... avec des plumes rouges.

JEAN.

Des plumes rouges!

JACQUELINE.

Oui, je veux que pas une du pays *soye* brave et pimpante comme moi.

JEAN, se rapprochant d'elle.

Eh ben, t'en auras, des plumes rouges, et des vertes, des bleues, des jaunes... et de toutes les couleurs.

JACQUELINE, à part.

Ah! mon Dieu!... ça ne prend pas!

JEAN.

Car en devenant ton homme, je serai toujours ton amoureux, vois-tu! T'en auras, des colliers en vrai or, des casques à mèches et des robes qui traînent par terre... J'ai de l'argent, moi... en v'là, tiens... Il est ben garni, le boursicot à Jean Torgnole... et je veux que tu enfonces, comme propreté... la... toutes les jeunesses!... que tu *soyes* faraude comme pas une, ah! mais! ah! mais! (Pendant ces paroles de Jean, Clochedoux a reparu au fond. En marchant sur la pointe du pied, il se glisse furtivement vers la porte troisième plan à droite qui conduit au grenier. La porte se referme avec bruit.)

JACQUELINE, avec un cri.

Ah!

JEAN.

Hein!

JACQUELINE, à part.

C'est Clochedoux!

JEAN.

La porte a remué... y a donc quelqu'un?

JACQUELINE.

C'est le vent.

JEAN.

Attends! Je vas donner un tour de clef... là... ça y est...

JACQUELINE, à part.

Il enferme mon homme. (Haut, avec crainte.) Mais, v'là qu'il fait nuit!... On n'y voit plus!

JEAN, s'approchant d'elle avec amour.

Eh ben, quéque ça fait?... On n'a pas besoin d' voir clair pour se parler, pas vrai?

JACQUELINE, craintive.

Oh! si fait!... moi, d'abord, j'aime pas à rester sans lumière, parce que... (Avec colère.) Parce que... parce que...

JEAN.

Ne te fâche pas... Est-elle devenue sauvage donc!... Eh ben, oùs qu'est la chandelle! (Allant au buffet.) Ah! la v'là! (Il allume une chandelle. Le jour revient.)

JACQUELINE, à part *.

Oh! il faut qu'il me déteste! Il le faut. (Haut.) Dites donc, Jean.

* Jean, Jacqueline.

JEAN, au bahut.

De quoi ?

JACQUELINE.

Aimez-vous le bal, vous ?

JEAN.

Le bal!... Oh! oui... on se trémousse... c'est amusant.

JACQUELINE.

Ah! c'est que faudra m'y mener tous les dimanches.

JEAN.

Tous les dimanches... ça me va!

JACQUELINE.

Et puis tous les jeudis.

JEAN.

Nous irons tous les jours !

JACQUELINE, à part.

Hein! (Haut.) C'est si gentil d'avoir des galants autour de soi qui vous content des douceurs, qui vous trouvent avenante et agréable !

JEAN.

Des galants ?

JACQUELINE.

Oui...

JEAN, après un temps.

T'en auras !

JACQUELINE, à part, avec colère.

Mais tout lui va donc, à cet homme ?

JEAN, à part.

Seulement j'emporterai le casse-tête... pan... à fond de cale... ça ne rate jamais.

JACQUELINE, changeant de ton.

Et c'te ferme! Oh ! elle est bien vieille ! Je veux une belle ferme toute neuve.

JEAN.

T'en auras une.

JACQUELINE, découragée.

Oh! mais il est insupportable !

JEAN.

T'as raison... La ferme à ma tante, mais c'est une baraque, une bicoque!... A bas la ferme ! Ah! une idée !... je vas y mettre le feu! (Il remonte au bahut.)

JACQUELINE, effrayée.

Le feu !

JEAN, riant.

Ça va flamber comme une allumette. (Il prend la chandelle et fait le mouvement de se diriger vers le grenier à fourrage à droite.) Justement v'là le grenier au fourrage. En v'là un feu de paille, premier numéro !

JACQUELINE, à part.

Ah ! mon Dieu ! il va brûler mon homme !

CLOCHEDOUX, à la fenêtre du grenier criant, comme un possédé.

Hé ! là-bas ! pas de bêtises !

JEAN, furieux.

Clochedoux !... encore toi !... Tu viens nous espionner !

CLOCHEDOUX, à la fenêtre.

Je passais. (Tendant la main.) Ça va bien ?

JEAN, à lui-même.

Ah ! cré coquin !... Toujours à louvoyer dans les parages de Jacqueline !... Lui, un homme marié ! Ah ! tu vas me le payer, brigand !

JACQUELINE, tremblante.

Jean !... monsieur Jean !

ENSEMBLE.

AIR : *Vengeance.*

JEAN.

Vraiment la colère
A la fin m'exaspère !
Tu déguerpiras
Et tu me le payeras !

CLOCHEDOUX et JACQUELINE.

Vraiment la colère,
A la fin l'exaspère !
Quand donc finira
Tout ce mystère-là !

(Jean a ouvert la porte et s'est précipité à l'intérieur ; Clochedoux saisit la corde à poulie et se laisse glisser en scène.)

JEAN.

Au secours !... Je suis perdu !...

JACQUELINE **.

Clochedoux !... Ah ! il va se casser quelque chose!

CLOCHEDOUX, ahuri, et courant à Jacqueline.

Il faut que ça finisse !... Il faut que ça finisse !

JACQUELINE.

Mais, je ne demande pas mieux.

* Jacqueline, Jean.
** Jacqueline, Clochedoux.

CLOCHEDOUX.

Vous êtes une coquette !

JACQUELINE.

Moi !

CLOCHEDOUX.

Il vous prenait la taille et vous ne disiez rien ; il vous...

JEAN, qui paraît à la fenêtre du grenier.

Ah ! le scélérat ! (Il descend aussi à l'aide de la corde.)

CLOCHEDOUX.

Ah ! (Il se sauve par le fond.)

JACQUELINE, remontant vers le fond.

Ah ! mon Dieu ! Il va le tuer !... A moi !... Au secours !... Je me trouve mal !

JEAN, la prenant dans ses bras et la faisant asseoir sur la chaise *.

Jacqueline !... Elle tombe en *faïence* !... Et l'autre... le brigand de Clochedoux... Oh ! je vas te rosser, d'abord... (Il prend son bâton.) Attends-moi, Jacqueline, attends-moi !... (Il sort en courant.)

SCÈNE X

JACQUELINE, puis MARGOTTE.

JACQUELINE, d'une voix éteinte.

A moi !... à moi !... Ah ! ah !...

MARGOTTE, entrant par la droite **.

Qu'est-ce qu'il y a ?... Jacqueline... Ah ! mon Dieu ! elle se trouve mal !... (Lui tapant dans les mains.) Jacqueline, reviens à toi... c'est moi, la Margotte.

JACQUELINE, revenant à elle.

La Margotte !... oh ! si tu savais !

MARGOTTE.

Quoi donc ?

JACQUELINE.

Jean est furieux... il veut tuer Clochedoux.

MARGOTTE, effrayée.

Ah ! mon Dieu !

JACQUELINE.

Parle-lui !... calme-le !...

JEAN, en dehors.

Ah ! scélérat ! voleur ! animal ! (On voit Clochedoux éperdu passer au fond en courant. Il est poursuivi par Jean. Tous les deux disparaissent.)

* Jacqueline, assise, à demi évanouie ; Jean.
** Margotte, Jacqueline.

JACQUELINE, se levant vivement*.

C'est lui!... Où me cacher? ah!... (Elle se précipite dans la chambre à droite; premier plan.)

MARGOTTE.

Eh ben!... Elle me laisse toute seule... avec cet enragé-là... Ah! mais, j'ai peur aussi, moi... V'là mes jambes qui s'en vont... je... (Entendant venir Jean, et poussant un cri d'effroi.) Ah!... (Elle tombe à moitié évanouie sur la chaise où était Jacqueline.)

SCÈNE XI

MARGOTTE, JEAN, puis JACQUELINE, cachée.

JEAN, reparaissant avec son bâton, à la cantonade.

Ah! gueusard! tu ne perdras rien pour attendre, va!

MARGOTTE, effrayée.

Ah! je tremble!... (Jean frappe sur le bahut avec son bâton. Ah!...

JEAN, apercevant Margotte sur la chaise.

Cristi!... et Jacqueline qu'est toujours en panne!... (Jetant son bâton et allant prendre le pot sur le buffet.) Attends... attends!... Je vas... (S'approchant comme pour lui jeter de l'eau au visage et s'arrêtant tout surpris à la vue de Margotte.) Hein!... La Margotte... (Sur le mouvement de Jean, Margotte s'est levée et a gagné l'extrémité gauche, premier plan.) Toi à c'te heure!... Ah! ça, qu'est-ce que c'est que ces mariés-là!... Tantôt c'est le mari, tantôt c'est la femme... qué drôle de ménage!...

MARGOTTE, à part.

Qu'est-ce que j' vas lui dire!

JEAN.

Pourquoi que t'es ici?... Pourquoi que t'as quitté la danse?

MARGOTTE, avec embarras.

Moi!... ah! c'est que...

JEAN.

C'est que quoi?... Après?... Parleras-tu?

MARGOTTE, cherchant ses mots.

C'est que... c'est que mon mari m'a battue!

JEAN, près du buffet sur lequel il a replacé le pot de vin.

Déjà? Saprelotte!... Il est en avance!... D'ordinaire, ça n'est permis qu'après trois mois de mariage... avec une jeunesse, s'entend... avec les veuves, c'est différent... au bout de quinze jours... (Il fait un geste suffisamment énergique; à Margotte.) Mais enfin, qué que tu viens faire ici?

* Margotte, Jacqueline.

MARGOTTE.

Je viens... je viens pour que vous me protégiez.

JEAN, descendant en scène.

Te protéger?... Oh! oh! minute!... ça ne me regarde point!... T'es pas ma sœur, t'es pas ma cousine... (Ici Jacqueline entr'ouvre la porte de droite, premier plan et écoute.) T'as épousé c' bêtà de Clochedoux... tant pire pour toi!...

MARGOTTE.

Mais...

JEAN.

Une brute, un animal!

JACQUELINE, cachée et à part.

Comme il l'arrange!

JEAN, continuant.

Qu'est laid, mal bâti, qui ressemble à un mouton qu'a avalé un clou d'travers.

MARGOTTE.

Oh!

JACQUELINE, à part.

C'est vrai tout d' même... Jean est bien mieux!

JEAN.

Mais c'est pas mon affaire!... De quel droit donc que j' te défendrais?...

MARGOTTE.

Dame! j'étais la filleule à feu votre tante.

JEAN.

A feu ma tante qu'est décédée?

MARGOTTE.

Oui, vot' tante Berlurot... c'est moi qui l'a soignée pendant qu'elle était malade.

JEAN, d'un ton indifférent.

Ma tante Berlurot!... bah!... elle me calottait quand j'étais moutard... (Il tire sa pipe et se met à la bourrer.)

MARGOTTE.

Possible!... mais quand vous étiez en mer... et que le temps se mettait à l'orage... quand il soufflait nord-ouest... fallait l'entendre, la brave femme... « C' pauvre Torgnole! » qu'elle disait.

JEAN, un peu ému.

Elle disait ça!

MARGOTTE.

Et elle allait bien vite faire brûler un cierge à Notre-Dame de Grâce.

JEAN, avec émotion.

Un cierge!... pour moi!... c'est-y ben vrai?

MARGOTTE.

Alors moi... comme elle était toute seule, je lui tenais compagnie... je la soignais, j' la mijotais.

JEAN.

T'as mijoté ma tante Berlurot?

MARGOTTE.

Oui.

JEAN, avec inquiétude.

Eh ben, et ma bonne amie, ma promise, Jacqueline, quoi!... oùs qu'elle était donc pendant c' temps-là?

MARGOTTE.

Jacqueline?... dame!... Elle était à la danse, au bal...

JEAN.

Au bal!

MARGOTTE.

Dame! elle est si belle fille!

JACQUELINE, à part.

Bavarde!... Elle avait ben besoin de dire ça!

JEAN, avec émotion.

Elle!... au bal!... à la danse!... tandis que toi... T'es une bonne fille, la Margotte.

MARGOTTE.

Oh!

JEAN.

Oui... oui... une bonne fille!... bêtasse, mais t'as du cœur. (Avec une émotion comique.) T'as mijoté ma tante Berlurot, et moi qui pendant ce temps-là, faisais pallas avec les négresses! Et moi qui autrefois n' pouvais pas te souffrir, moi qui te flanquais des giffles... (Lui prenant les mains.) Ah! cristi!... avoir soigné ma bonne vieille femme de tante! (Il quitte sa main.) Après ça, t'as été récompensée? t'as eu ton petit lopin de terre, toi pas bête!

MARGOTTE.

Moi!

JEAN.

Elle t'a mise sur son testament?

MARGOTTE.

Pour qui donc que vous me prenez?... Elle voulait me laisser du bien, c'est vrai... mais ce bien-là, c'était à vous... Est-ce que j' pouvais l'accepter?... Est-ce que j'ai l'air d'une voleuse?

JEAN, très-ému.

Ah! c'est bien... c'est très-bien, la Margotte... Et après c'te conduite-là, je n'te protégerais pas, je n'te défendrais pas contre ton animal de... Va! va... sois tranquille... j'cours trouver Clochedoux, et, s'il n'entend pas raison, je le rosse, je lui casse une jambe. (Il remonte.)

JACQUELINE, à part.

Ah! ciel!

MARGOTTE, effrayée et remontant vers lui.

Une jambe!

JEAN.

Il lui en restera une... C'est ben assez pour un imbécile comme lui.

MARGOTTE.

Mais...

JEAN.

Attends-moi, je reviens. Ah!... je n' comprends pas qu' t'aies épousé c't oiseau-là!... (Il sort vivement par le fond à gauche.)

MARGOTTE, courant après lui.

Jean! monsieur Jean! (Elle remonte.)

SCÈNE XII

MARGOTTE, JACQUELINE, entrant vivement.

JACQUELINE.

Eh ben, c'est gentil! Fiez-vous donc aux bonnes amies! A-t-elle assez fait la glorieuse à mes dépens!...

MARGOTTE, revenant en scène.

Ah! Jacqueline! te v'là!

JACQUELINE.

Oui... c'est moi... j'écoutais et j'en ai entendu de belles!

MARGOTTE.

Comment?

JACQUELINE.

Dire à Jean que j'allais au bal!... me faire passer pour une sans cœur... je suis sûre qu'à présent, il me déteste.

MARGOTTE.

N'est-ce pas ce que tu voulais?

JACQUELINE, avec un dépit croissant.

C' que j' voulais... c' que j'voulais... certainement... mais enfin, c'est toujours très-désagréable.

MARGOTTE.

Ah! ça, tu tiens donc encore à lui!...

JACQUELINE.

Moi, tenir à lui... Du tout... mais...

MARGOTTE.

Alors, qu'as-tu donc?

JACQUELINE.

J'ai...'j'ai que c'est affreux! que c'est indigne. (Pleurant en frappant du pied.) Je dis que je suis furieuse!

MARGOTTE.

Furieuse!

JACQUELINE.

Contre toi!... contre tout le monde!...

MARGOTTE.

Mais en vérité... je ne comprends pas.

SCÈNE XIII

LES MÊMES, CLOCHEDOUX *.

MARGOTTE.

M'sieu Clochedoux...

CLOCHEDOUX.

Sauvons-nous!

JACQUELINE, brusquement.

C'est vous! ah! laissez-moi... vous m'ennuyez.

CLOCHEDOUX, étonné.

Hein?... comment? je vous ennuie.

JACQUELINE.

Vous êtes laid, bête, insupportable!...

MARGOTTE, à part.

A son tour, à c'te heure!

CLOCHEDOUX.

Insupportable!...

JACQUELINE.

Vous avez l'air d'un mouton qui a avalé un clou de travers...

CLOCHEDOUX, complétement ahuri.

Moi... j'ai avalé... un clou!...

JACQUELINE, marchant sur lui.

Tenez... tenez... laissez-moi... allez-vous-en... partez! que je ne vous voie plus...

CLOCHEDOUX.

Mais qu'est-ce que j'ai donc fait?

* Jacqueline, Clochedoux, Margotte.

JEAN, en dehors.

Où est-il? où est-il?...

CLOCHEDOUX, effrayé.

Dieu!

JACQUELINE et MARGOTTE.

C'est lui!

CLOCHEDOUX.

Le phoque!... où me fourrer?

MARGOTTE, montrant la gauche.

Là... dans le grenier.

CLOCHEDOUX, courant çà et là.

Non! il m'y a déjà trouvé. (Cherchant de tous côtés.) Ah! la huche! (Il y court, lève le couvercle et se cache dedans.)

MARGOTTE.

La huche à la farine!

SCÈNE XIV

LES MÊMES, JEAN.

JEAN, son bâton à la main, passant par la fenêtre et montant sur le bahut placé au-dessous.

Il est ici! je l' gagerais!...

MARGOTTE.

Ici! qui donc?

JEAN *.

Clochedoux!... oh! gredin! je le trouverai. (Il cherche de tous côtés et entre dans le grenier à fourrage.)

MARGOTTE, tremblante et bas.

Comme il a l'air furieux!

JACQUELINE, de même.

Il va faire quéqu' malheur.

JEAN, sortant du grenier.

Personne!... ce bahut!... On a remué là-dedans! (Il va à la huche, lève le couvercle et l'ont voit Clochedoux tout blanc de farine.)

JACQUELINE et MARGOTTE **.

Ciel!

JEAN.

Le v'là!...

CLOCHEDOUX.

Je passais... (Avançant la main.) Ça va bien?

JEAN, le prenant au collet et le faisant sortir de la huche.

Ah! enfin! je te tiens! (Il le ramène en scène.)

* Jacqueline, Jean, Margotte.
** Clochedoux, dans la huche, Jean, Jacqueline, Margotte.

CLOCHEDOUX, se débattant *.

Permettez!

JEAN.

C'est donc toi, scélérat, qui bats ta femme!...

CLOCHEDOUX, très-surpris.

Moi, je bats ma...

JEAN.

A nous deux!

CLOCHEDOUX, d'un ton menaçant.

Eh bien, oui! à nous deux!... ça m'asticote, à la fin des fins!... (Prenant le manche du balai resté près du balcon, premier plan.) Méfie-toi, Torgnole!... un homme en vaut un autre!... (Il agite son bâton.)

JEAN.

Ah! tu te rebiffes!... Eh bien!...(Il fait le moulinet.)

JACQUELINE, effrayée et s'élançant entre eux **.

Arrêtez!...

MARGOTTE, de même à Jean.

Ne lui faites pas de mal!

JEAN, interdit, à part.

Tiens! c'est pour lui qu'elles ont peur.

JACQUELINE.

Au nom de notre amitié.

JEAN, à part.

Et on dirait que Jacqueline tremble encore plus que la Margotte... quéqu'ça veut dire?... La conduite du marié depuis c' matin... toujours sur mes talons... c'te préférence pour Jacqueline, voire même sa jalousie... (Les observant tous.) Ah! çà, est-ce que par hasard... ?

JACQUELINE, à part.

Ah! je tremble!...

MARGOTTE, à part.

Il se doute de la manigance!...

CLOCHEDOUX, à part.

Il brûle! il brûle!...

JEAN, à part.

Ah! je veux savoir... (Haut.) Eh bien... soit... (Il jette son bâton.) Je ne lui ferai pas de mal... mais à une condition!...

JACQUELINE et MARGOTTE.

Une condition?...

* Clochedoux, Jean, Jacqueline, Margotte.
** Clochedoux, Jacqueline, Jean, Margotte.

JEAN.

C'est qu' vous allez chacune me donner un baiser...

MARGOTTE et JACQUELINE.

Un baiser!...

JEAN.

Et un qui sonne... un bécot de nourrice...

CLOCHEDOUX, criant.

Je m'y oppose!

JEAN, le repoussant.

Fiche-moi la paix, toi!... (A Jacqueline.) Approche ici, Jacqueline!...

CLOCHEDOUX.

Hein?...

JEAN.

Tends la joue...

JACQUELINE, approchant.

Me v'là!

JEAN, à Jacqueline.

AIR : *Jobin et Nanette.* (Nargeot.)

Laisse-moi prendre, ô ma belle,
Un d' ces baisers pleins d'ardeur
Qui jadis, je m' le rappelle,
F'saient si fort battre ton cœur.
(Il l'embrasse en lui mettant la main sur le cœur.)
Tiens! ça n' bat plus!... saperlotte!
Oh! pour sûr y a du mic-mac...
(Se tournant vers Margotte.)
Allons, à ton tour Margotte!
Viens ici que j' te bécotte!...

(Parlé.) Allons! voyons, n'aie pas peur... (Margotte s'approche en baissant les yeux. Il l'embrasse en lui mettant comme à Jacqueline la main sur le cœur.)

Tiens! son cœur qui fait tic-tac!
C'est le sien qui fait tic-tac!

MARGOTTE, très-émue.

Monsieur Jean!...

JEAN, à part.

Allons, décidément le vent a changé...

MICHU, en dehors au fond.

Par ici, vous autres, par ici!...

CLOCHEDOUX.

C'est les gens d'la noce!...

JEAN.

Ils viennent chercher les mariés...

JACQUELINE, à part.

Ah! mon Dieu!

SCÈNE XV

Les Mêmes, MICHU, Paysans et Paysannes.

CHOEUR.

Air : *Roger Bontems.*

Assez de danse!
La nuit s'avance
Voici l'instant
Qu'enfin l'amour attend!
Gens du village
Selon l'usage,
Accourons tous
Pour chercher les époux!

MICHU *.

Et bien, les mariés, vous restez là?... Venez! on vous attend pour vous faire la conduite.

JACQUELINE, à part.

Quel embarras!...

MARGOTTE, à part.

Comment sortir de là?

JEAN, lui désignant Margotte.

Allons! Clochedoux, allons, donne le bras à ta femme...

CLOCHEDOUX, avec embarras, offrant le bras à Jacqueline.

A ma...

JEAN, à part les observant.

Ça y est! (Haut.) Et ben! oui, à Margotte...

LES PAYSANS, étonnés.

A Margotte! (Jean remonte parmi eux.)

MICHU, bas aux paysans.

Tiens!... il ne sait donc pas encore?... (Tout le monde se regarde avec étonnement, hésitation.)

JEAN, se tournant vers les paysans.

Eh bien, quoi donc?... qué qu'vous avez donc tous à vous regarder d'un air chose?... (Avec colère.) Ah! çà, est-ce qu'on se serait moqué de moi?... est-ce qu'on m'aurait fait au même comme le matelot Vir' van Drague.

TOUS.

Vir' van Drague...

* Jacqueline, Clochedoux, Jean, Michu, Margotte.

JEAN.

Un marin de Dunkerque qu'avait comme moi, en partant, laissé une promise au pays...

JACQUELINE.

Une promise!...

TOUS.

Eh bien!...

JEAN.

AIR : *Au port de Recouvrance.*

I

Avant d' prendre la vague,
Lui disait son amant :
« D'épouser Vir' van Drague,
Tiendras-tu le serment ?... »
Oh! la, tic, tic, tic, mic, mic, mac?...
Pauvre Vir' van Drague!
Bien fou qu'y s'y fiera.
Larira!
Et qui vivra,
Verra!...

II

« Partez pour Copenhague,
Lui répond le tendron;
« Au doigt, j'ai votre bague,
» J' jur' de porter vot' nom. »
Oh! la, tic, tic, tic, mic, mic, mac!
Pauvre Vir' van Drague!
Bien fou qui s'y fiera,
Larira!
Et qui vivra,
Verra!

III

Mais, promesse trop vague,
Quand il r'vint, ô fureur!
La belle, avec la bague,
Avait donné son cœur!
(Avec colère.)
Oh! la, tic, tic, tic, mic, mic, mac!...
Comme à Vir' van Drague,
Toujours femme nous dira ?...
« Larira! »
Et qui vivra,
Verra!

JACQUELINE, à part.

Ah! ciel!... se douterait-il?...

MARGOTTE *.

Et après?... qu'est-ce qu'il a fait... ce matelot?

* Jacqueline, Jean, Clochedoux, Margotte, Michu.

CLOCHEDOUX.

Quoi qu'il a fait!...

JEAN, avec colère.

Ce qu'il a fait!... d'abord il tua le marié...

CLOCHEDOUX, tremblant.

Le marié!...

JEAN.

Ensuite, il tua sa promise... il tua tout l'village!.

TOUS, avec effort.

Ah! mon Dieu!...

JACQUELINE, à par

J'suis perdue!...

JEAN, partant d'un éclat de rire.

Ah! ah! ah!... qu'est-ce qui vous prend?... on dirait qu'vous tremblez!... mais c'est l'histoire de Vir' van Drague, ça...

TOUS.

Comment?...

JACQUELINE.

Que dit-il?...

(Musique de scene à l'orchestre. Jean s'approche de Margotte, détache son bouquet de mariée, puis s'avance vers Jacqueline. *)

JEAN.

Oh! les femmes!... (A Jacqueline.) Tenez! c'est-y pas à vous, ça?...

JACQUELINE.

A moi?...

JEAN.

Reprenez vot' bouquet!... (à Clochedoux.) Et toi, nigaud, emmène ta femme!...

CLOCHEDOUX*.

Elle!... (Il passe.)

JEAN.

Eh! oui!... puisque tu n'veux pas d'l'autre, tu voudras peut-être ben d'celle-ci...

JACQUELINE, allant à Jean.

Eh quoi... vous savez?... tu sais?...

JEAN.

Parbleu!...

JACQUELINE.

Et tu pardonnes?...

JEAN.

Faut bien!...

TOUS.

Ah!...

* Jacqueline, Clochedoux, Jean, Margotte, Michu.
* Clochedoux, Jacqueline, Jean, Margotte, Michu.

CLOCHEDOUX, à part.

Il n'est pas si mal élevé que je croyais...

JEAN, allant s'agenouiller gauchement devant Margotte.

Et toi, qu'as mijoté ma tante Berlurot, veux-tu épouser son mauvais gâs de neveu?...

MARGOTTE, avec joie.

Vous épouser!... moi!... vous?...

JEAN, gaiement.

Je te détestais, ma pauvre Margotte... et à c't'heure, v'là que j't'aime!... (Margotte lui tend la main.)

JACQUELINE, à part avec dépit.

Il ne m'aime plus!... Oh! les hommes!... les hommes!...

JEAN.

Oh! les femmes! on n'a seulement pas le temps de faire le tour du monde!... (A Clochedoux.) Allons!... voyons donne donc le bras à ta femme!...

CLOCHEDOUX.

Voilà!... voilà!...

CHŒUR FINAL.

AIR : *Ah! que l'amour est agréable!*

Que tout soit oublié
Pour nous plus de nuage ;
Ce double mariage
Change l'amour en amitié!

JEAN.

AIR *des Doublons.*

Pour moi la campagne est finie,
Joyeux, ben qu'un peu suffoqué,
J'arrive au sein d'la compagnie
Ainsi qu'un nouveau débarqué.
Ah! daignez par votre suffrage
Couronner ici mon transport!
Il serait dur de fair naufrage
Au moment où j'arrive au port!
Bitte et bosse
Ah! quelle noce!
Mettez à flot
Le matelot!
Bitte et bosse,
Ah! quelle noce
En ce logis
Si j' trouve des amis.

CHŒUR DU CHŒUR.

Que tout soit oublié, etc., etc.

FIN.

Imprimerie de L. TOINON et Cie, à Saint-Germain en Laye. 441

www.ingramcontent.com/pod-product-compliance
Lightning Source LLC
LaVergne TN
LVHW010006230826
846092LV00002B/681

* 9 7 8 2 3 2 9 4 1 1 9 9 6 *